Annette Richert

Materialien und Kopiervorlagen zur Klassenlektüre

Zöller & Kolloch

Wir sind die harten Piraten!

Kopierhinweis

Die unterschiedlich gefärbten Silben werden mit folgender Kopiereinstellung am besten lesbar:
– Kopiereinstellung „gedrucktes Foto“ wählen, falls vorhanden, oder
– Bildhelligkeit vor dem Kopieren etwas verringern.

Hase und Igel®

Inhalt

Sonderausgabe zur Lektüre mit Silbenhilfe

www.hase-und-igel.de
Lektorat: Martina Schramm
Illustrationen: Sabine Scholbeck

ISBN 978-3-86760-509-0
3. Auflage 2022

Das Buch

Die Geschwister Piet und Pippo heuern auf der „Wilden Minna" an, dem Piratenschiff von Kapitän Knurrfisch. Obwohl sie zuerst „halbe Portionen" genannt werden, hat die Mannschaft die beiden bald ins Herz geschlossen. Gäbe es da nur nicht diese verflixte sechste Piratenregel: „Frauen und Mädchen sind an Bord verboten." Was nämlich niemand wissen darf: Pippo heißt eigentlich Pippa und ist ein Mädchen!

Als fremde Piraten die „Wilde Minna" überfallen und alle in Fesseln legen, zeigen Piet und Pippa, was in ihnen steckt: Ganz leise klettern sie aus dem Mastkorb, befreien die Gefangenen und überlisten die Angreifer. Der Piratenschatz wird gerecht geteilt und die fremden Piraten werden auf einer einsamen Insel ausgesetzt. Piet und Pippa werden von allen als Helden gefeiert und können sich nun als Bruder und Schwester zu erkennen geben. So kommt es, dass die Kleinsten am Ende die Größten sind und die sechste Piratenregel dringend geändert werden muss!

Das Thema „Piraten" übt auf Kinder meist eine ganz besondere Faszination aus. Diese Begeisterung kann für eine erste Ganzschrift voller Spannung, Witz und Abenteuer genutzt werden. Das Buch „Wir sind die harten Piraten!" eignet sich gut als Klassenlektüre gegen Ende des ersten Schuljahrs oder im zweiten Schuljahr. Der Textumfang ist überschaubar, die große Schrift und der Zeilenumbruch nach Sinnschritten helfen beim flüssigen Lesen. Eine zusätzliche Lesehilfe stellt für viele Kinder in den ersten beiden Schuljahren die farbige Hervorhebung der einzelnen Silben dar. So werden insbesondere unbekannte Wörter auf Anhieb in der korrekten Silbierung gelesen und der Sinn des Textes erschließt sich einfacher und schneller. Das Buch wird außerdem durch zahlreiche großformatige Illustrationen aufgelockert, die die Lesemotivation und Begeisterung der Kinder erhöhen. Piet und Pippa, die beiden pfiffigen Hauptfiguren der Geschichte, bieten den Kindern vielfältige Möglichkeiten zur Identifikation. Eine wichtige Erkenntnis ergibt sich dabei fast beiläufig: Mit Geschick und Köpfchen kommt man oft viel weiter als mit purer Kraft.

Das Material

Die vorliegende Lehrerhandreichung bietet im ersten Teil didaktische Kommentare mit Zusammenfassungen der einzelnen Kapitel, Anregungen für Einstiegsimpulse und Hinweise zu den im zweiten Teil folgenden Kopiervorlagen. Die Unterrichtsideen und Kopiervorlagen zum Buch ermöglichen eine intensive Textarbeit und handlungsorientierte Vertiefungen des Gelesenen. Die Kopiervorlagen sind im Hinblick auf das Lesevermögen der Kinder einfach gestaltet und können selbstständig bearbeitet werden. Zusätzlich finden Sie in diesem Band abwechslungsreiche Ideen für den Kunst-, Musik- und Sportunterricht.

Die Symbole in der Kopfleiste jeder Kopiervorlage geben die methodischen Schwerpunkte an, die auf dem betreffenden Arbeitsblatt zum Tragen kommen. Dies ermöglicht einen schnellen Überblick über die anzuwendenden Arbeitstechniken.

Vor der Lektüre

Ein Bild oder eine Fahne mit weißem Totenkopf und gekreuzten Knochen auf schwarzem Grund kann als Einstieg im Klassenzimmer „gehisst“ werden. Die Kinder denken dabei sofort an Piraten, aktivieren ihr Vorwissen und können im Folgenden von Piratenabenteuern, typischer Kleidung und Piratenschiffen erzählen. Derart motiviert und mit zusätzlichen Ideen versorgt, sollen sie ein Piratenschiff malen. Möglicherweise fällt es einigen Schülern schwer, den Schiffsrumpf zu zeichnen. Hier kann eine Schablone helfen. Die Zeichnungen werden anschließend aufgehängt und besprochen. Die Kinder überlegen, auf welchem der vielen Piratenschiffe sie selbst gern anheuern würden. Außerdem werden Namen für Piratenschiffe ausgedacht und auf den Schiffsrumpf geschrieben. Später können die Kinder ihr Schiff ausschneiden, auf Tonpapier kleben und als Deckblatt einer Lesemappe verwenden.

Erst jetzt wird ein engerer Bezug zur Lektüre hergestellt, indem Sie „ein besonderes Piratenschiff“ vorstellen, das in einem Buch eine große Rolle spielt. Sie zeigen eine vergrößerte Kopie der Illustration von Buchseite 4 oder eine Farbfolie des Bildes auf dem Overheadprojektor. Lesen Sie nun bis zum Satz „Da sahen sie Piet und Pippo.“ (Seite 6) aus der neuen Lektüre vor. Die Kinder stellen nun Vermutungen an, wie es weitergehen könnte. Sicher sind sie, aufgrund dieses spannenden Einstiegs, schon sehr neugierig auf das Buch.

Die Kinder können sich anschließend in einer freien Schmökerzeit mit dem ersten Kapitel des Buchs vertraut machen.

1. Kapitel
Verstärkung

Inhalt

Das Piratenschiff „Wilde Minna“ ist zum Auslaufen bereit. Es wird allerdings noch Personal zur Verstärkung der Mannschaft gesucht. Da kommen Piet und Pippo dem Kapitän gerade recht. Ein Teil der Mannschaft murrt zwar zunächst, dass die beiden nur als „halbe Portionen“ gelten können, doch im Grunde haben alle die beiden neuen Matrosen schnell ins Herz geschlossen. Piet und Pippo suchen sich einen Schlafplatz auf dem Piratenschiff und am Abend wird bei hartem Schiffszwieback mit den Piraten musiziert und gesungen.

Gesprächs- und Schreibanlässe

- „Wir haben Köpfchen und Herz, scharfe Augen und schnelle Beine“, sagt Pippo. Was bedeutet das? Warum ist das für Piraten wichtig?
- Warum werden Piet und Pippo „halbe Portionen“ genannt?
- Wie fühlen sich die beiden wohl an Bord des fremden Schiffs?

Hinweise zu den Kopiervorlagen

KV Seite 15

Das Piratenlied

Das Buch erzählt zu Beginn davon, dass die Piraten sich auf das Auslaufen des Schiffs vorbereiten. Dazu müssen viele Arbeiten ausgeführt werden, von denen Sie den Schülern erzählen können. Die Erläuterungen sollten durch einfache Bewegungen veranschaulicht werden.

Die Kinder werden dazu aufgefordert, die Bewegungen nachzumachen, z. B. werden die Segel gehisst (dazu müssen sie die Masten hochklettern), es wird Ausschau gehalten, das Deck wird geschrubbt etc. Beschränken Sie sich auf ein paar Tätigkeiten, die sich die Kinder auch in der Reihenfolge gut merken können. Wenn den Schülern die Bewegungen geläufig sind, erklären Sie, dass Piraten und Seeleute beim Arbeiten gern singen.

Ab jetzt werden die Bewegungen mit dem Pfeifen oder Summen der bekannten Shanty-Melodie „What shall we do with the drunken sailor?“ begleitet. Danach wird das Lied gemeinsam gesungen. Anfangs singen Sie möglicherweise die Strophen allein und die Kinder steigen beim Refrain ein. Werden die Strophen mit passenden Bewegungen untermalt, prägt sich der gesamte Text sehr schnell ein. Nach und nach singen die Kinder die Strophen dann mit.

KV Seite 16

Die „Wilde Minna“

Erste Informationen des Textes werden auf diesem Lese-Mal-Arbeitsblatt noch einmal gefestigt. Um die erste Arbeitsanweisung richtig ausführen bzw. die Illustration richtig ergänzen zu können, muss der Text genau gelesen werden. Im zweiten Teil der Seite geht es um die Namen der Besatzung, die ergänzt werden.

Lösung
Kapitän Knurrfisch
Glatzenotto
Ochsenauge
Didi
Piet und Pippo

KV Seite 17

Verrücktes Piratenleben

Die Kopiervorlage präsentiert den Text der Buchseiten 12/13 mit lustigen Fehlern. So wurden z. B. die Objekte der Sätze zum Teil vertauscht. Auch ohne Nachlesen im Buch können die meisten Kinder sicherlich die entsprechenden Fehler markieren. Wie es richtig heißen muss, können sie ggf. im Buch nachlesen und dann aufschreiben.

Lösung

Knurrhund zeigte ihnen	Knurrfisch
harten Schiffszwieback	das ganze Schiff
von oben bis unten	
und von vorne bis hinten.	
Er führte Piet und Pippi	Pippo
zu ihren Strohmatten.	Hängematten
Sie verstauten ihren Mut	ihre Seesäcke
und zwinkerten sich Seesäcke zu.	Mut
Die Piloten spielten	Piraten
Mundharmonika und Suppe	Trommel
und tanzten bis in den Abend.	sangen
Danach knabberten sie	Dabei
harten Käse	Schiffszwieback
und löffelten wasserdünne Trommel.	Suppe

Ein Piratenschiff aus Naturmaterialien

Mit wenig Materialaufwand lassen sich hier mit den Kindern schöne Ergebnisse erzielen, deren Schwimmfähigkeit anschließend getestet werden kann. Die Arbeit mit der Heißklebepistole sollte von einem Erwachsenen übernommen werden.

Warum schwimmt ein Piratenschiff?

Die Überschrift der Kopiervorlage kann zunächst als Frage in den Raum gestellt werden – vielleicht wurde sie sogar bereits von den Kindern gestellt. Lassen Sie die Schüler Vermutungen äußern. Danach erhalten sie als Gruppenarbeit einen Experimentierauftrag: Sie sollen das Schwimmverhalten unterschiedlicher Materialien untersuchen und auflisten, was schwimmt und was nicht. Die Ergebnisse werden im Plenum vorgestellt und eventuell auch vorgeführt. Schließlich wird das Interesse noch einmal auf das Piratenschiff gelenkt und die Kopiervorlage ausgeteilt, auf der die Kinder ihre Beobachtungen und Vermutungen notieren. Bei der Bearbeitung der Seite bietet sich Partnerarbeit an, die anschließend mit der gesamten Lerngruppe besprochen wird.

Lösung
1. Die Kugel geht unter.
2. Die Knetmasse in Form eines Schiffs schwimmt.

Die Knetmasse als Kugel verdrängt weniger Wasser als in der Form eines Schiffs, also sinkt sie.

Weiterführende Ideen

- Das erste Kapitel endet mit dem Piratengesang (KV Seite 15), begleitet durch Mundharmonikas und Trommeln. Bitten Sie die Kinder, Mundharmonikas von zu Hause mitzubringen. Einige Kinder können nun beim Refrain mitspielen und durch Probieren eine passende Begleitung finden. Trommeln sind wahrscheinlich an der Schule vorhanden und werden ebenso begleitend eingesetzt.
- Gemeinsam mit den Schülern werden weitere Strophen für das Piratenlied gedichtet.
- Was brauchen Piraten alles an Bord, wenn sie monatelang auf hoher See sind? Den Kindern wird eine Menge einfallen, teils aufgrund ihrer abenteuerlichen Fantasie, teils aufgrund bereits vorhandenen Wissens.
- Zeichnen Sie ein Plakat von der „Wilden Minna“, nur mit Umrissen, einzelnen Räumen und eventuell dem oberen Deckaufbau. Die Zeichnung wird nun in einzelne Räume zerschnitten und die Kinder überlegen sich in Partner- oder Gruppenarbeit Einzelheiten zur Einrichtung. Dann zeichnen sie die besprochene Einrichtung ein. Anschließend wird das Schiff wieder zusammengesetzt und als Poster aufgehängt.

2. Kapitel
Das Geheimnis

Inhalt

Piet und Pippo übernehmen viele der täglichen Aufgaben auf dem Schiff. Beim Einholen der Segel sind sie sogar die Schnellsten. Am liebsten sind die beiden jedoch für sich allein oben im Mastkorb. Dort können sie sich dann auch über ihr Geheimnis unterhalten. In Wirklichkeit heißt Pippo nämlich Pippa und ist ein Mädchen! Aber das dürfen die Piraten natürlich keinesfalls erfahren, denn nach den Piratenregeln sind Mädchen und Frauen an Bord des Schiffs verboten.

Gesprächs- und Schreibanlässe

- „Frauen sind manchmal aber ganz schön stark", meint Piet (Buchseite 15). Die Piraten sehen dies aber offenbar anders, was Anlass zur Diskussion geben kann. Wann sind Frauen und Mädchen stark, wann sind Jungen und Männer schwach? Eigene Erfahrungen aus dem häuslichen und schulischen Bereich können ins Unterrichtsgespräch einfließen. Herausgearbeitet werden sollte, dass Stärke nicht nur auf Muskelkraft bezogen werden muss, sondern dass es auch andere Bereiche gibt, in denen man stark sein kann.
- Was könnte ein Geheimnis von uns Kindern sein? Im Gespräch brauchen die Schüler nicht ihre Geheimnisse zu verraten, sondern können von „alten" Geheimnissen oder möglichen Geheimnissen sprechen. An dieser Stelle kann auch die Gefahr von Geheimnissen angesprochen werden. Was sollte nicht geheim bleiben? Wann ist es besser, sich einem Erwachsenen anzuvertrauen? Sensibel und angstfrei kann dabei auch das Thema „sexueller Übergriff" einfließen. Machen Sie die Kinder darauf aufmerksam, dass sie Ihnen jederzeit ein wichtiges Geheimnis anvertrauen können.
- Welche Aufgabe haben Piet und Pippo oben im Mastkorb? Eine sehr wichtige, denn sie sollen das Wetter beobachten und mögliche Feinde frühzeitig entdecken. Zur Zeit der Piraten gab es noch keinen Wetterbericht im Fernsehen oder im Radio, also waren sie ganz auf ihre „Wetterfrösche" oben im Mastkorb angewiesen. Diese sahen sich die Wolken genau an. Anhand der Formen konnten sie Voraussagen über das Wetter machen.

Hinweise zu den Kopiervorlagen

KV Seite 20

Piratenregeln

Nachdem die Piratenregeln auf der Buchseite 14 gelesen wurden, können die Kinder auf diesem Arbeitsblatt zeigen, dass sie sie auch richtig verstanden haben. Das Lösungswort, mit dem die Schüler ihr Ergebnis selbst kontrollieren können, lautet „RICHTIG". Anschließend gehen die Kinder im gespiegelten Bild auf Fehlersuche.

Lösung

KV Seite 21/22

Tangram

Tangram-Piratenschiffe

Mit den Tangram-Teilen wird das Verständnis für geometrische Formen gefördert. Vor dem anspruchsvollen Nachlegen der vorgegebenen Figuren von Seite 22 können die Kinder zunächst selbst probieren, ein Schiff zu legen. Alle sieben Teile sollen dabei verwendet werden. Wem dies besonders gut gelingt, der darf sein Schiff auf dem Tageslichtprojektor legen. Die anderen Kinder sollen versuchen, das Schiff nachzubauen. Nun kann die Kopiervorlage zum Einsatz kommen.

Keine einfache, jedoch eine interessante Aufgabe ist es auch, die erstellten Schiffe ins eigene Rechenheft zu zeichnen. Damit wird neben der räumlichen Orientierung auch das genaue Zeichnen mit dem Lineal geübt.

Das Geheimnis

Im Mastkorb sprechen die beiden Hauptfiguren der Geschichte über ihr Geheimnis, dass nämlich Pippo in Wirklichkeit ein Mädchen ist. Das Buch belässt es im zweiten Kapitel bei dieser Andeutung. Die Kinder können auf der Kopiervorlage als Dialog aufschreiben, was Pippa und Piet sich zuflüstern. Dies setzt voraus, dass die Kinder sich gut in die beiden Protagonisten hineinversetzen.

Auf dem Piratenschiff

Dieses Wörterrätsel kann zu jedem Zeitpunkt eingesetzt werden, sei es als Differenzierung für Schnelle, in der Freiarbeit oder im Wochenplan. Die kleinen Bilder mit den Bezeichnungen helfen beim Suchen der Wörter, die sich waagerecht und senkrecht im Buchstabengitter befinden und sich teilweise auch überschneiden.

Lösung

M	W	S	E	T	G	T	A	F	E	L
E	C	J	K	O	P	U	G	N	V	C
S	C	H	A	T	Z	T	R	U	H	E
S	S	T	I	E	F	E	L	O	P	F
E	A	F	S	N	F	D	H	U	R	L
R	E	I	Q	K	Y	S	E	I	L	A
L	K	S	Z	O	F	A	S	S	T	G
W	I	C	L	P	K	J	M	X	C	G
A	S	H	D	F	L	A	S	C	H	E

An Bord der „Wilden Minna“ gibt es:
Seil, Flagge, Messer, Fisch, Fass, Stiefel, Flasche, Tafel.

KV Seite 25

Piraten-Mandala
Das Mandala wird gemeinsam betrachtet, die wichtigsten Piratendetails können benannt und deren Funktion besprochen werden. Ist das Mandala ausgemalt, kann es die Vorderseite einer Lesemappe zieren.

Weiterführende Ideen

Das Thema „Piraten“ lässt sich auch gut in Sportstunden aufgreifen. Die folgenden Lauf- und Fangspiele können zu Beginn einer Piratenstunde zum Aufwärmen dienen.

1. Piet und Pippo (Laufspiel)
Material: zwei Parteibänder oder Trikots
Zu Beginn werden zwei bis drei Fänger ausgewählt. Sie erhalten jeweils eine farbige Markierung und sind nun Piraten oder Seeräuber. Sie müssen für kurze Zeit die Halle verlassen. Ohne ihr Wissen werden in der Halle zwei Kinder als „Piet“ und „Pippo“ bestimmt. Diese setzen im Spielverlauf ihre Kräfte und ihr Köpfchen ein, denn sie können die von den Piraten abgeschlagenen Spieler, die an Ort und Stelle stehen bleiben, durch Berührung wieder „erlösen“. Dies sollte jedoch möglichst unbemerkt geschehen, damit die Piraten nicht herausbekommen, wer „Piet“ und „Pippo“ sind. Sollten auch sie abgeschlagen sein, ist das Spiel zu Ende.

2. Piraten (Laufspiel)
Material: Turnmatten
Es werden Matten im Abstand von ca. 1 bis 1,5 m in der Halle ausgelegt, sodass die Kinder von Matte zu Matte springen können. Ein bis zwei „Piraten“ (Fänger) sollen nun versuchen, die anderen abzuschlagen. Wer abgeschlagen wurde oder ins „Wasser“ (neben die Matten) gefallen ist, scheidet aus und muss sich an den Rand oder auf eine Bank setzen. Wenn ein „Pirat“ ins „Wasser“ fällt, sind alle, die von ihm gefangen genommen wurden, wieder frei und dürfen erneut am Spiel teilnehmen.

3. Piratenhäuser (Teamspiel, Staffel)
Material: mehrere Turnmatten, Rollbretter in der Anzahl der Turnmatten, Kleingeräte wie Seile, Reifen, Teppichfliesen, Pylone etc.
Die Klasse wird in kleine Gruppen von max. vier Kindern eingeteilt. Diese stehen auf einer blauen Matte (Insel) auf der einen Seite der Halle. Ideal ist es, wenn vorher das Fangspiel „Piraten“ (s. o.) gespielt wird, dann sind bereits ausreichend Matten vorhanden. Auf der anderen Seite der Halle befindet sich eine Menge „Treibgut“: viele Kleingeräte, für jede Mannschaft die gleiche Menge. Jede Piratenmannschaft soll sich nun auf der eigenen Insel einen Piratenunterschlupf bauen, dabei darf niemand ins „Wasser“ fallen. So muss ein Pirat nach dem anderen, auf einem Rollbrett sitzend, über das Meer schippern und am Strand ein Stück Treibgut für die Behausung holen. Das Treibgut muss sicher zurücktransportiert werden, es darf nicht ins Wasser fallen. An der eigenen Insel angekommen, wechselt der „Seefahrer“ und alle anderen versuchen, den mitgebrachten Schatz sinnvoll auf der Insel zu verbauen. Sieger ist schließlich die Mannschaft, die zuerst das ihr zustehende Treibgut auf der eigenen Insel deponiert hat. Zusätzlich kann eine Siegermannschaft für die schönste Inselbehausung bestimmt werden.

4. Piraten erkunden eine neue Insel (Geschicklichkeitsparcours)
Material: Turnmatten, Langbänke, Weichbodenmatte, Kasten, Ringe etc.
Thema der Stunde ist das „Erkunden einer neuen Insel“. Dabei sollen die Kinder bekannte Geräte auf verschiedene Arten überwinden (klettern, kriechen, gehen). Hilfestellungen werden eingeübt. Die Turn-

geräte übernehmen die Funktion von Geländegegebenheiten auf einer Insel. Die Geräte sollen eine geschlossene Folge bilden. Die Turnmatten als „Gehweg über den Sumpf" (Hallenboden) verbinden dabei die Großgeräte. Als mögliche Hindernisse können eingebaut werden: die Kletterwand mit Rutschbahn (eingehängte Langbank), verschieden hohe Kästen als Kletterhindernisse, ein Tunnel aus Bänken mit Matten darüber, eine Brücke aus Kästen und einer Bank, die Weichbodenmatte als matschige Wiese, eine umgedrehte Bank als Balancierbaumstamm etc.

Nun soll also diese „neue Insel" erkundet werden, wobei man nicht in den „Sumpf" fallen darf. Die erste Runde sollten Sie zur Vorführung nutzen, wobei jedes Gerät als großes Naturhindernis beschrieben wird. Die Kinder durchlaufen anschließend selbst den Parcours. Mehrere Runden können absolviert werden.

Die nächste Aufgabe ist die „Erkundung der Insel bei Nacht". Dabei werden Dreiergruppen gebildet. Einem Kind werden die Augen verbunden, die anderen beiden helfen ihm durch den bereits bekannten Parcours. Die Erfahrung von Vertrauen und Nähe soll hierbei im Vordergrund stehen.

3. Kapitel
Der wilde Sturm

Inhalt

Obwohl die See glatt und ruhig vor ihnen liegt, spürt Kapitän Knurrfisch, dass ein Unwetter naht, und veranlasst notwendige Sicherungsmaßnahmen. Wenig später versetzt ein Orkan die Mannschaft in Angst und Schrecken. Wasser dringt in das Schiff ein und alle kämpfen gemeinsam ums Überleben. Piet und Pippo erleben angstvolle Minuten. Schließlich lässt der Sturm nach. Die „Wilde Minna" und ihre Besatzung haben ihn heil überstanden.

Gesprächs- und Schreibanlässe

- Piet und Pippo haben während des Sturms Angst. Die Buchseiten 24 bis 29 können dazu anregen, über eigene Ängste miteinander ins Gespräch zu kommen. Wenn Kinder von Ängsten bei Unwettern berichten, können die Mitschüler tröstend erfahren, dass sie mit ihren Ängsten vor starkem Regen, Wind und Donner nicht allein sind. Wichtig ist die Erkenntnis, dass Unwetter für alle etwas Unangenehmes und Beängstigendes darstellen. Das Gespräch kann in die Bearbeitung der Kopiervorlage von Seite 28 münden.
- Je nach Zeit und Bedarf kann an dieser Stelle das Thema Angst erweitert werden. Wovor hast du noch Angst (Hunde, Keller, Zahnarzt etc.)? Was tust du, wenn du Angst hast?

Hinweise zu den Kopiervorlagen

KV Seite 26

Was Wolken dir verraten können
Die Kinder erfahren, dass Form und Beschaffenheit der Wolken Auskunft über kommende Wetterereignisse geben. In diesem Sinne sollen sie Wolken genau betrachten, malen und beschreiben. Das „Wettertagebuch" kann jeden Morgen gemeinsam geführt und zusätzlich an der Tafel notiert werden. Es eignet sich auch als Teil einer Wochenplanarbeit.

KV Seite 27

Piratenschiffe auf hoher See
Mithilfe der Faltanleitung der Kopiervorlage basteln die Kinder Schiffe aus (buntem) Papier. In einer Kunststunde kann das Thema „Schiffe auf hoher See" in Form einer Arbeit mit Wasserfarben aufgegriffen und vertieft werden. Hauptanliegen der Stunde ist das Mischen von blauen Farbtönen.

Zunächst erhalten die Kinder den Auftrag, ein Blau zu mischen, das für das Malen eines Meers geeignet ist. Die Kinder sollen sich nicht mit den fertigen Blautönen im Farbkasten zufriedengeben, sondern durch Experimentieren herausfinden, wie sie einen neuen intensiven Blauton erhalten. Sind sie mit einem Ergebnis zufrieden, malen sie diese Farbe auf einen Papierstreifen. Alle Papierstreifen werden im Kreis gesammelt und von hell bis dunkel sortiert. Zusätzlich wird nun bei einigen Blautönen die Mischung notiert, z. B.: viel Blau, wenig Grün. So haben die Kinder für den folgenden Auftrag einen übersichtlichen Farbkatalog und können sich daraus immer wieder Ideen holen.

Nun gilt es, ein Meer zu malen. Dafür unterteilen die Kinder ein DIN-A3-Blatt quer mit vier Wellenlinien. Beschreiben die Kinder ihre selbst gemachten Beobachtungen am Meer, so kann herausgearbeitet werden, dass die Wellen vorne größer sind und nach hinten bzw. oben auf dem Blatt immer kleiner werden. Die so entstandenen fünf Abschnitte bemalen die Schüler mit verschiedenen Blautönen: vorne helle Blautöne, nach hinten/oben werden sie immer dunkler.

Während die Malarbeit trocknet, verzieren die Kinder die Papierschiffe nach Wunsch mit Piratenaccessoires. Die Boote werden nun „auf See gesetzt“. Eventuell können dabei durch kleine Schnitte am Wellenkamm die Boote etwas ins Meer „eintauchen“, was einen lebendigeren Eindruck erzeugt. Kinder, die noch Zeit haben, können ergänzend eine Pirateninsel malen und auf das Meer kleben.

KV Seite 28

Der wilde Sturm
Die Kopiervorlage regt dazu an, über eigene Gefühle bei einem Unwetter zu schreiben. Möglicherweise haben die Kinder ja eine Methode entwickelt, mit eigenen Ängsten umzugehen, und schreiben auf, was sie konkret tun: Ein Stofftier in den Arm nehmen, zu einer Bezugsperson gehen, sich in einer „Höhle“ verstecken etc. Im folgenden Teil der Seite geht es um „Gewittermusik“: Die Schüler malen Instrumente an, mit denen sie passend zu einem Unwetter Musik machen können. Sie ordnen zudem die Namen der Instrumente zu.

Sturm-Puzzle
Die Illustration der Buchseite 25 wird hier als Puzzle angeboten. Die Kinder sollen aber nicht nur die Teile ausschneiden und richtig zusammengesetzt aufkleben, sondern sich auch eine Überschrift für das Bild ausdenken.

Weiterführende Ideen

- Das Thema „Unwettermusik“ kann vertieft werden. Wie hört sich ein Sturm an? Die Kinder machen verbal Windgeräusche. Dann können die Finger auf dem Tisch Regentropfen nachahmen. An der Tafel wird ein Crescendo-/Decrescendo-Zeichen notiert, d.h. der Sturm wird immer lauter, ehe er wieder abklingt. Ein Kind kann nun Dirigent für das „Sturmorchester“ sein: Es zeigt an der Tafel die an- und absteigende Lautstärke des Sturms an.
- Die „Unwettermusik“ kann begleitend zum Vortrag des Buchtextes zum Einsatz kommen. Dabei muss das „dirigierende“ Kind genau auf Ihren Lesevortrag achten, damit das „Orchester“ den Inhalt entsprechend untermalt. Zusätzlich zu den Körperinstrumenten können einige Musikinstrumente eingesetzt werden. Im Plenum wird dazu besprochen, welches der bekannten Kleininstrumente zum Sturm passt und an welcher Stelle und wofür es zum Einsatz kommen soll. Sind die Instrumente bestimmt, beginnen Sie wieder mit dem Vortrag und ein Kind dirigiert die „Unwettermusik“. Damit jedes Kind einmal ein Instrument zum Musizieren erhält, gibt jeder Musiker sein Instrument an seinen rechten Nachbarn weiter und die „Unwettermusik“ wird wiederholt. Sie können das Vorlesen nach einigen Wiederholungen auch an einen guten Leser oder eine gute Leserin abgeben. Zu Hause sollten alle Kinder das Lesen des dritten Kapitels gründlich üben. So kann am nächsten Tag jede Gruppe nach kurzem Üben eine eigene Sturmgeschichte vorlesen und musikalisch untermalen.
- Nehmen Sie die musikalische Darbietung auf Kassette auf. Die Kinder werden ihrem eigenen Spiel gespannt lauschen.

4. Kapitel
Achtung, Angriff!

Inhalt

Der Sturm hat sich gelegt und alle Piraten gehen wieder ihren Aufgaben nach, auch Piet und Pippo. Von ihrem Mastkorb aus erblicken die beiden jedoch schon bald neues Unheil: Ein fremdes Piratenschiff steuert genau auf sie zu! Wüste Kerle entern die „Wilde Minna“ und überwältigen die Mannschaft. Die fremden Piraten feiern die ganze Nacht, während die Besiegten in Fesseln liegen.

Hinweise zu den Kopiervorlagen

Achtung, Angriff!
Das vierte Kapitel ist durch Dramatik geprägt, die insbesondere in der Illustration auf den Buchseiten 32/33 – der Kampfszene – spürbar ist. Die Kinder nehmen diese Illustration zum Anlass, das Dargestellte mit eigenen Worten zu beschreiben.

Sie können die Kinder auch dazu anregen, Sprechblasen zu den Figuren zu malen. Dazu sollte die Illustration ausgeschnitten und auf ein größeres Blatt geklebt werden, auf dem zum Ergänzen von Sprech- oder Denkblasen ausreichend Platz zur Verfügung steht.

KV Seite 31

So ein Durcheinander!
Die Sätze der Kopiervorlage fassen den Inhalt des vierten Kapitels zusammen. Ist die richtige Reihenfolge gefunden, ergibt sich das Lösungswort ANGRIFF.

Hinweise zur Kopiervorlage

Wir glänzen mit starken Taten
In Partnerarbeit können die Kinder sich mit den verschiedenen Knoten beschäftigen und versuchen, diese nachzuarbeiten. Besonders für Schüler, die mit dem Lesen und der sprachlichen Bearbeitung des Themas Schwierigkeiten haben, ist diese Kopiervorlage eine Möglichkeit, auch einmal „die Nase vorn" zu haben.

5. Kapitel „Wir glänzen mit starken Taten"

Inhalt

Während der Gefangennahme der Mannschaft verstecken sich Piet und Pippo in ihrem Mastkorb. Als alle tief und fest schlafen, klettern sie leise herunter und befreien ihre Mannschaft. Anschließend fesseln sie gemeinsam die noch schlafenden Angreifer. All dies geschieht unter Piets und Pippos Leitung. Besonders beeindruckt sind Kapitän Knurrfisch und Glatzenotto von der stillen und „unblutigen" Vorgehensweise der beiden. Ihnen ist ein Sieg „ohne Hauen und Stechen" gelungen.

Gesprächs- und Schreibanlässe

- Auf der Buchseite 42 heißt es: „Sie haben uns befreit – mit kluger List und stiller Stärke." Worin bestehen diese „kluge List" und die „stille Stärke" von Piet und Pippo?
- Wo können wir selbst in unserem Alltag „kluge List" und „stille Stärke" zeigen und Probleme „ohne Hauen und Stechen" lösen? Ideen dazu können zunächst an der Tafel oder am Overheadprojektor gesammelt werden. Danach können die Kinder Wünsche ausformulieren, was sie gern „ohne Hauen und Stechen" regeln würden.
- Das Kapitel stellt am Schluss die Frage nach Piet und Pippo, die möglicherweise für ihre heldenhafte Tat belohnt werden müssen. Die Kinder äußern dazu ihre Vermutungen, was die Spannung auf den Ausgang der Geschichte steigert.

6. Kapitel „Wir sind stille und starke Piraten"

Inhalt

Die Angreifer sind überlistet. Sie werden auf einer einsamen Insel ausgesetzt, die Beute muss aufgeteilt werden. Die Mannschaft möchte Piet und Pippo nach ihrem phänomenalen Sieg als neue Kapitäne sehen. Dies lehnen die beiden jedoch dankend ab und lüften stattdessen ihr Geheimnis. Dass Pippo ein Mädchen ist, sorgt erst für Verblüffung, wird dann aber beeindruckt akzeptiert. Sogar die alten Piratengesetze werden geändert und so sind Mädchen und Frauen künftig an Bord der „Wilden Minna" willkommen. Mit fröhlichem Piratengesang endet das Buch.

Gesprächs- und Schreibanlässe

- Warum haben Piet und Pippa Herzklopfen, als sie vor der Mannschaft ihr Geheimnis lüften?
- Was hat der Kapitän aus der Geschichte gelernt? Zur Beantwortung dieser Frage greifen die Kinder auf die Buchseite 50 zurück, auf der Kapitän Knurrfisch sagt: „Aber ich habe etwas gelernt: Alle haben ihre Stärken, Mädchen wie Jungen, Männer wie Frauen, Kleine wie Große." Diese markante Aussage wird zusätzlich auf einem großen Plakat festgehalten, mehrmals vorgelesen und interpretiert.

Hinweise zu den Kopiervorlagen

KV Seite 33

Wie es weitergeht

Nach nochmaliger Lektüre des sechsten Kapitels können die Kinder die Aussagen und die passenden Illustrationen zuordnen und auf ein gesondertes Blatt kleben.

Lösung

Wir sind stille und starke Piraten

Das Piratenlied wird auf die Melodie von „Lustig ist das Zigeunerleben" gesungen. Schon während Sie es das erste Mal vorsingen, machen Sie Gesten dazu, die von den Kindern übernommen werden:
Wir sind stille (= Zeigefinger andeutungsweise vor die Lippen)
und starke (= auf Oberarm zeigen)
Piraten (= eine Hand deutet Augenklappe an),
faria, faria, hoo!
Zeigen's mit Köpfchen (= Fingerzeig auf Kopf)
und Herz (= Hand aufs Herz legen)
und Taten (= Hände vorzeigen),
faria, faria, hoo!
In Welle und Woge und Sturm und Wind (= Auf- und Abbewegungen mit der Hand)
zeigen wir allen (= alle Kinder umfassende Armbewegung),
wie stark wir sind (= auf Oberarm zeigen).
Bei „Faria, faria …" in der letzten Zeile kann mitgeschunkelt werden.

Der große Piratenschatz

Im Buch ist der Piratenschatz auf den Seiten 45 und 53 zu sehen. Auf der Kopiervorlage geht es darum, Wörter zum Inhalt des Schatzes zu lesen und zu überlegen, welche Gegenstände wohl nicht zum Schatz gehören. Anschließend werden die passenden Wörter noch einmal aufgeschrieben.

Das Thema „Piratenschatz" regt die Fantasie der Kinder an. Im zweiten Teil der Kopiervorlage sind sie aufgefordert, ihren „eigenen Piratenschatz" zu malen.

Differenzierend kann eine Geschichte zu einem Piratenschatz geschrieben werden. Schreibhinweise: Schreibe in der Ich-Form. Schreibe auf, wie du einen Schatz gefunden hast. Versuche möglichst spannend zu erzählen.

Lösung
Goldmünzen, Krone, silberne Löffel, Kelch, Armbänder, Ringe, Perlen, Ketten, Edelsteine

Weiterführende Idee

Jeder hat eine besondere Stärke, auch dein Banknachbar oder deine Banknachbarin! Die Kinder zeichnen gegenseitig ihre Handumrisse auf Papier und schreiben groß den Namen des Kindes, neben dem sie sitzen, auf die Handfläche. In die Finger soll jeder schreiben, was der Nachbar oder die Nachbarin gut kann. Dies kann vor der Klasse anschließend laut vorgelesen werden und unterstreicht die Fähigkeiten jedes Kindes – auch jenseits von schulischen Leistungen. Alle Handumrisse können um den Kapitänsspruch geklebt und als Erinnerung an die Lektüre im Klassenzimmer aufgehängt werden.

Nach der Lektüre

Die Kinder bringen Informationsmaterial zum Thema „Piraten" mit in die Schule. Dieses kann gemeinsam durchgesehen und besprochen werden, wobei ggf. Fragen zu klären sind. Dann sind die Kinder gerüstet für das abschließende Würfelspiel mit Piratenquiz. Dabei dürfen die Kinder ihr „Piratenwissen" anwenden, ihre Textkenntnis unter Beweis stellen und sie erhalten auch noch einen kleinen Überblick über Hafenstädte und Kontinente.

Hinweise zu den Kopiervorlagen

KV Seite 36–40

Als Piraten unterwegs

Die beiden Kopiervorlagen mit dem Spielplan sollten auf festeres Papier kopiert oder auf eine Pappe geklebt werden. Der Spielplan kann von den Kindern farbig gestaltet und durch weitere Angaben (wichtige Ozeane, Kontinente etc.) ergänzt werden. Die Kärtchen sollten ebenso aus festerem Papier oder aus Pappe hergestellt werden. Die Fragen von Seite 38 beziehen sich allgemein auf das Thema „Piraten", die Fragen von Seite 39 auf den Inhalt der Lektüre.

Darüber hinaus werden eine Spielfigur für jedes Kind und ein Würfel für jede Gruppe benötigt. Das Spiel eignet sich für zwei bis sechs Personen.

Spielverlauf

Die teilnehmenden Spieler ziehen Zielkarten. Je nach Wunschdauer des Spiels und Anzahl der Teilnehmer können dies zwei bis fünf Ziele pro Spieler sein. Die Zielkarten stecken die Spieler verdeckt unter den Spielplan. Die Ziele werden durch Würfeln in beliebiger Reihenfolge „angefahren". Ist ein Spieler bei einem Ziel angekommen, zeigt er allen seine Zielkarte und kann diese ablegen. Gewonnen hat derjenige, der zuerst alle Ziele erreicht hat und in den Heimathafen zurückgekehrt ist. Der Heimat- bzw. Starthafen ist für alle Hamburg. Wer die höchste Zahl würfelt, darf anfangen. Unterwegs können die Spieler verschiedene Wege wählen. Auf den Feldern mit der Schatzkiste muss der linke Spielkamerad eine Fragekarte ziehen und diese vorlesen. Der Spieler selbst muss sich für eine der drei möglichen Antworten entscheiden. Ist die Antwort richtig, darf er noch einmal würfeln. Ist sie falsch, ist der nächste Spieler an der Reihe. Unter den Fragekarten befinden sich auch Jokerkarten, die positive oder negative „Ereignisse" zur Folge haben.

Sollte das Spiel öfter gespielt werden, so kann auch dazu übergegangen werden, die vorgegebenen möglichen Antworten nicht vorzulesen.

Weiterführende Ideen

Das Piratenfest

Nach so eingehendem „Studium" des Piratenlebens wird es Zeit, dass die fleißigen Leserinnen und Leser selbst Piraten sein dürfen. Eine Möglichkeit ist ein großes Piratenfest mit den Eltern und anschließendem Übernachten in der Schule. Die Einladungen werden auf gefaltete Papierschiffe (siehe KV Seite 27) geschrieben. Im Vorfeld des Fests können die Kinder ihre Verkleidung vorbereiten.

Piratenhut

Schwarzes Tonpapier (DIN A3) wird quer gefaltet. Darauf zeichnen die Kinder die Umrisse eines Piratenhuts oder legen eine entsprechende Schablone auf. Beide Seiten werden gleichzeitig ausgeschnitten und an den schmalen Seiten zusammengeklebt. Nun wird mit einem weißen Holzstift oder mit Kreide ein Totenkopf aufgemalt.

Entermesser, Dolch, Degen oder Säbel

Die Kinder haben im mitgebrachten Büchermaterial vielleicht schon eine Menge solcher Waffen entdeckt. Diese dürfen sie nun auf feste Pappe oder Verpackungskarton zeichnen und nach dem Ausschneiden mit Aluminiumfolie überziehen. Später braucht man zusätzlich eine Bauchschärpe (buntes langes Tuch um die Taille), in die die „Waffe" eingesteckt werden kann. Spielzeug-Schusswaffen sollten nicht mitgebracht werden!

Fernrohr

Ein Fernrohr kann aus einer alten Küchenrolle hergestellt werden. Nachdem sie schwarz bemalt wurde, können weiße Piratensymbole aufgemalt oder „Silberbeschläge" aus Alufolie aufgeklebt werden. An einer Seite kann durch zwei Löcher eine Schnur zum Umhängen gezogen werden.

Piratenflagge

Auf ein altes Bettlaken kann mit Stoffmalfarbe eine große Flagge gemalt werden. Färbt man das Laken vorher schwarz ein, beschränkt sich die Arbeit auf das Aufmalen der weißen Symbole. Die große Flagge kann dekorativ im Klassenzimmer oder anstelle der Tür aufgehängt werden. Kleinere Flaggen können bei einem Piratentanz eingesetzt werden. Symbole können selbst aufgemalt werden, mit einer Schablone fällt es den Kindern allerdings leichter.

Augenklappe

Aus schwarzem Moosgummi wird ein ovaler Kreis ausgeschnitten. Ein Gummiband kann angetackert werden – fertig ist die Augenklappe.

Weitere Verkleidung

Zur Feier des Tages werden die Kinder natürlich auch geschminkt (Narben, Bart, Blut). Sie tragen alte Hemden oder T-Shirts mit Löchern, eine Bauchschärpe sowie eine dunkle (knielange) Hose.

Meistens beteiligen sich die Eltern gern an Schulaktionen. In diesem Fall können einige Mütter und Väter Piratenstationen mit „Piratenprüfungen" im Pausenhof oder Schulhaus betreuen, während andere sich z. B. am Grill betätigen. So sind alle eingebunden, ehe es zum gemütlichen Teil übergeht, der mit einer Übernachtungsaktion enden kann.

Die Kinder können bei dieser Gelegenheit beweisen, dass sie „echte Piraten" sind und „Piratenprüfungen" meistern können. Zu Beginn erfolgt jedoch die „Piratentaufe".

Piratentaufe

An einer langen Leine hängen in der Anzahl der Kinder (oder in der halben Anzahl für eine „Taufe zu zweit") Luftballons mit einer kleinen Menge Wasser oder Konfetti. Die Piraten stellen sich darunter, der Ballon wird zerstochen.

Nach der „Taufe" hängen die Kinder sich „Piratentaler" um. Darauf steht ihr Piratenname. Regen Sie die Kinder an, lustige Piratennamen zu erfinden, z. B. Sven Säbelrost, Saskia Schielauge, Stefan Schwarzzahn, Lukas Langbart oder Pauline Pulverfass. Außerdem können Sie für die Anzahl der folgenden Stationen leere Kreise auf den Talern vorzeichnen. Die Betreuer jeder Station malen jeweils einen Kreis in der ihnen zugedachten Farbe aus. So sehen die Kinder, wann sie alle Piratenprüfungen durchlaufen haben.

Wer die folgenden Spiele mit Bravour besteht, darf sich Pirat nennen. Die Spielbeschreibungen können auf kleine Zettel kopiert werden und den Eltern als Hilfe an den Stationen dienen.

Trinkwassertransport

Material: vier Schüsseln, Trinkbecher

Zwei Mannschaften stehen am Start hinter einer Schüssel mit Wasser. Am Ziel befindet sich eine leere Schüssel. Jede Mannschaft soll mithilfe der Becher Wasser von der Quelle (Start) zum Schiff (Ziel) transportieren. Die Mannschaft, die das Wasser zuerst zum Schiff gebracht hat, hat gewonnen. Natürlich ist der Weg zum Schiff mit Hindernissen bestückt. So muss z. B. unter einen Tisch gekrochen oder über ein Brett balanciert werden. Anstelle des Bechers kann auch ein Schwamm verwendet werden.

Alternative: Zwei Kinder werden jeweils an einem Bein mit einem Tuch zusammengebunden und müssen – evtl. über Hindernisse – den Becher Wasser zu einem Eimer transportieren. Welches Team hat den Eimer schneller voll?

Witzige Variante zum Schluss: Kind mit einem Elternteil zusammenbinden.

Piraten-Zeitvertreib

Material: Tisch, evtl. Würfelspiel (Seite 36–40)

Es ist Flaute, auf dem Schiff ist nichts los. Die Piraten vertreiben sich die Zeit mit Armdrücken oder einem Würfelspiel („Als Piraten unterwegs").

In der Takelage

Material: Bäume, Tau

Ein Pirat sollte sich hoch oben in der Takelage eines schwankenden Schiffs bewegen können. Spannen Sie ein Tau zwischen Bäumen auf einer Höhe von ca. 50 cm, gerade so hoch, dass sich bei einem Sturz niemand verletzen kann. Nach einem Übungslauf mit Hilfestellung sollen es die Piraten allein probieren und schließlich auch „bei Nacht" mit verbundenen Augen und Hilfestellung.

Enterhaken werfen

Material: leere Dosen, Sandsäckchen, Seil oder Zauberschnur

Eine Mauer aus leeren Dosen wird aufgebaut. Diese muss restlos mit einem Sandsäckchen an einem Seil abgeworfen werden.

Bälle abschießen

Material: Tisch, leere Flaschen (evtl. mit Sand beschweren), Tischtennisbälle, Wasserpistolen

Tischtennisbälle liegen auf Flaschenhälsen und sollen aus einer Entfernung von ca. 1 m mit einer Wasserpistole heruntergeschossen werden.

Alternative: In einer Wasserwanne schwimmen Papierschiffchen. Diese müssen mit dem Wasserstrahl zum Kentern gebracht werden.

Seemannsknoten

Material: mehrere farbige Seile, Kopiervorlage von Seite 32

Piraten müssen Seemannsknoten beherrschen. Die Knoten der Kopiervorlage „Wir glänzen mit starken Taten" sollen „nachgeknotet" werden. (Dafür das kopierte Blatt vorher laminieren.)

Schatztauchen
Material: tiefe Teller, Gummibärchen, Handtuch
Schätze liegen nicht immer am Strand herum. Manche müssen auch vom Meeresboden hochgeholt werden! In einer flachen Schale oder in einem tiefen Teller liegen im Wasser 20 Gummibärchen. Diese müssen mit dem Mund herausgeholt werden, die Hände bleiben auf dem Rücken.

Geheimschriften
Nachrichten an Piraten sind oft verschlüsselt. Ersetzen Sie in einem kleinen Text die Buchstaben durch Zeichen oder durch ein um fünf Buchstaben verschobenes Alphabet. Mittels Übersetzungscode muss die Nachricht entschlüsselt werden.

Segel reparieren
Material: mehrere Stofffetzen, Nadel und Faden
Segel können bei starken Stürmen reißen. Immer zwei Stoffstücke sollen zusammengenäht werden.

Schokoladenschatz
Material: Bauchschärpe, Säbel, Piratenhut (evtl. etwas stabiler, von einem Faschingskostüm), Handschuhe, Würfel, zwei Messer, Schokolade, Zeitungspapier, Schnur
Der Schatz (= die Tafel Schokolade) wird in mehrere Lagen Zeitungspapier gewickelt und verschnürt. Der Reihe nach wird gewürfelt. Wer eine Sechs hat, muss rasch Schärpe, Säbel, Hut und Handschuhe anziehen und mit den beiden Messern den Schatz öffnen und essen. Sobald aber der nächste Pirat eine Sechs würfelt, werden alle Utensilien an diesen übergeben und er versucht nun seinerseits, den Schatz zu öffnen und davon zu essen.

Die Lesenacht
Während einer Lesenacht kann aus weiteren Büchern zum Thema „Piraten“ vorgelesen werden. Viele Büchereien stellen thematische Bücherkisten zusammen. Gerne legen sich die Kinder in ihre Schlafsäcke und lesen bei Taschenlampenschein weiter. Da Piraten auf hoher See immer an Vitaminmangel litten, wird dies mit der Verabreichung von Gemüsesticks ausgeschlossen.

Die Schatzsuche
Gruppenweise sollen die Kinder in diversen Räumen Aufgaben erledigen. Dies können Vorschläge vom Piratenfest sein, neue Leseaufträge oder Arbeitsblätter und Aufgaben aus diesem Material, die bislang noch nicht erledigt wurden. Ist eine Aufgabe gelöst, kommen die Kinder damit zu Ihnen an einen zentralen Punkt. Ist alles wie gewünscht erfüllt, erhält die Gruppe einen Buchstaben. Wenn alle Aufgaben erfüllt sind, ergeben die gesammelten Buchstaben in der richtigen Reihenfolge den Ort, an dem der Piratenschatz versteckt ist. Als Piratenschatz eignen sich Obst und Süßigkeiten sowie Radiergummis, Stifte etc.

Name:

Das Piratenlied

Melodie: What shall we do with the drunken sailor?

1. Früh ist der Mor - gen, die Nacht war kurz, früh ist der Mor - gen, die Nacht war kurz,

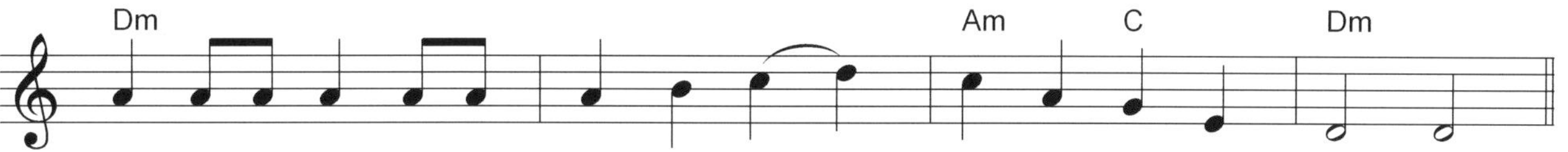

früh ist der Mor - gen, die Nacht war kurz. Wir sind jetzt Pi - ra - ten!

Auf, auf, die Fahrt geht los, auf, auf, die Fahrt geht los,

Dm Am C Dm

auf, auf, die Fahrt geht los. Wir sind jetzt Pi - ra - ten!

2. Waschen und kämmen, das muss nicht sein …
   Auf, auf, die Fahrt geht los …

3. Schwarz sind die Zähne und unsre Flagge …
   Auf, auf, die Fahrt geht los …

4. Wild ist der Blick trotz Augenklappe …
   Auf, auf, die Fahrt geht los …

5. Her mit dem Säbel und Enterhaken …
   Auf, auf, die Fahrt geht los …

6. Flieht, wenn ihr könnt,
   und fürchtet euch …
   Auf, auf, die Fahrt geht los …

Name:

lesen schreiben rätseln malen/basteln spielen singen

Die „Wilde Minna“

Lies die Sätze und male dazu.

Die „Wilde Minna“ hat rote Segel.
Vorn am Mast hängt die Flagge der Piraten.
Viele Möwen fliegen um das Schiff herum.
Am Himmel sind dunkle Wolken zu sehen.
Das Meer ist hellblau und klar.

Wenn du die Seiten 5 bis 11 des Buchs genau gelesen hast, kannst du die folgenden Fragen sicher beantworten.

Wer gibt die Befehle an Bord des Schiffs? ______

Wie heißt der Steuermann? ______

Wie heißt der dicke Koch? ______

Wer ist klapperdürr und arbeitet auch auf dem Schiff? ______

Wie heißen die zwei neuen Matrosen? ______

Name:

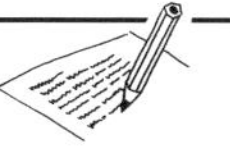

Verrücktes Piratenleben

Das Piratenleben war manchmal verrückt,
aber so verrückt wie im folgenden Text
nun auch wieder nicht!

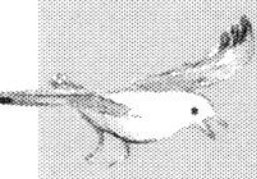

Unterstreiche die falschen Wörter. (Du kannst im Buch auf den Seiten 12 und 13 nachlesen.) Schreibe dann die richtigen Wörter in die Zeilen.

Knurrhund zeigte ihnen

harten Schiffszwieback

von oben bis unten
und von vorne bis hinten.

Er führte Piet und Pippi

zu ihren Strohmatten.

Sie verstauten ihren Mut

und zwinkerten sich Seesäcke zu.

Die Piloten spielten

Mundharmonika und Suppe

und tanzten bis in den Abend.

Danach knabberten sie

harten Käse

und löffelten wasserdünne Trommel.

Name:

lesen schreiben rätseln **malen/basteln** **spielen** singen

Ein Piratenschiff aus Naturmaterialien

Du kannst ohne viel Aufwand kleine Piratenschiffe basteln.

Du brauchst:

- ein kleines Stück Baumrinde
- einen Schaschlikspieß aus Holz
- frische Blätter
- eine kleine Kerze
- Wachsklebeplättchen
- evtl. kleine Holzperlen

So wird's gemacht:

1. Spieße auf den Schaschlikspieß als Segel ein bis zwei schöne Laubblätter. Oben kannst du den Spieß mit einer kleinen Holzperle verzieren.

2. Dann wird der Spieß mit einer Heißklebepistole auf dem Stück Rinde befestigt. (Achtung: Das macht am besten ein Erwachsener!)

3. Die Kerze wird mit dem Wachsklebeplättchen im vorderen Bereich auf die Rinde gesetzt.

4. Wenn du möchtest, kannst du aus Papier noch eine kleine Piratenflagge basteln und oben an den Mast kleben.

Probiere aus, ob dein Schiff schwimmt.

Name:

Warum schwimmt ein Piratenschiff?

Mache den folgenden Versuch.
Du brauchst dazu Knetmasse und eine Schüssel mit Wasser.

1. Forme die Knetmasse zu einer Kugel und lege sie auf das Wasser. Was passiert?

2. Überlege, wie ein Schiff gebaut ist. Versuche einen Schiffsbauch nachzuformen. Setze die Knetmasse dann auf das Wasser. Was passiert jetzt?

Kannst du erklären, warum?

Name:

lesen schreiben **rätseln** malen/basteln spielen singen

Piratenregeln

Piet und Pippo überlegen, was nach den Piratenregeln erlaubt ist und was nicht. Kreuze an.

	richtig	falsch
Jeder darf den anderen beklauen.	❐ B	❐ R
Es darf kein Mädchen an Bord sein.	❐ I	❐ U
Der Kapitän hat nichts zu sagen.	❐ E	❐ C
Die Piraten dürfen immer sagen, was sie denken.	❐ H	❐ A
Von der Beute bekommt jeder auf dem Schiff gleich viel.	❐ P	❐ T
Wer Schimpfwörter sagt, wird bestraft.	❐ O	❐ I
Verletzte bekommen nach einem Kampf hundert Goldstücke.	❐ G	❐ N

Lies die angekreuzten Buchstaben nun von oben nach unten und notiere das Lösungswort.

Das Lösungswort lautet: ______________________ .

Im Spiegelbild rechts sind acht Fehler versteckt. Kreise sie ein.

Name:

Tangram

Ein Tangram ist ein altes chinesisches Puzzle. Es besteht aus sieben Teilen. Mit diesen Teilen können Figuren nachgelegt oder erfunden werden.

Bastle ein Tangram. Am besten klebst du die Vorlage auf Pappe oder Tonpapier und schneidest die Teile dann aus.

✂

Name:

lesen schreiben **rätseln** malen/basteln **spielen** singen

Tangram-Piratenschiffe

Schaffst du es, diese Schiffe zu legen, ohne dass ein einziges Teil übrig bleibt?

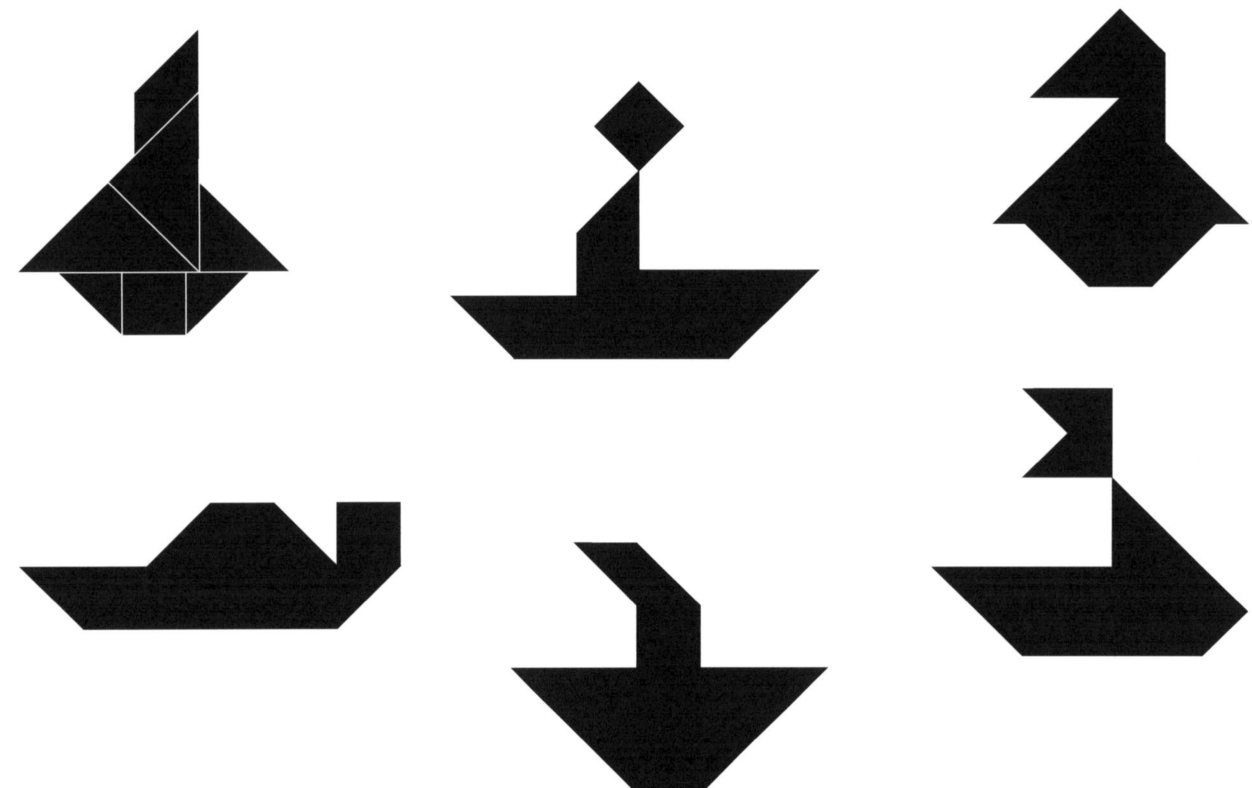

Ändere nur die angegebene Anzahl von Teilen. So entsteht jedes Mal ein neues Schiff.

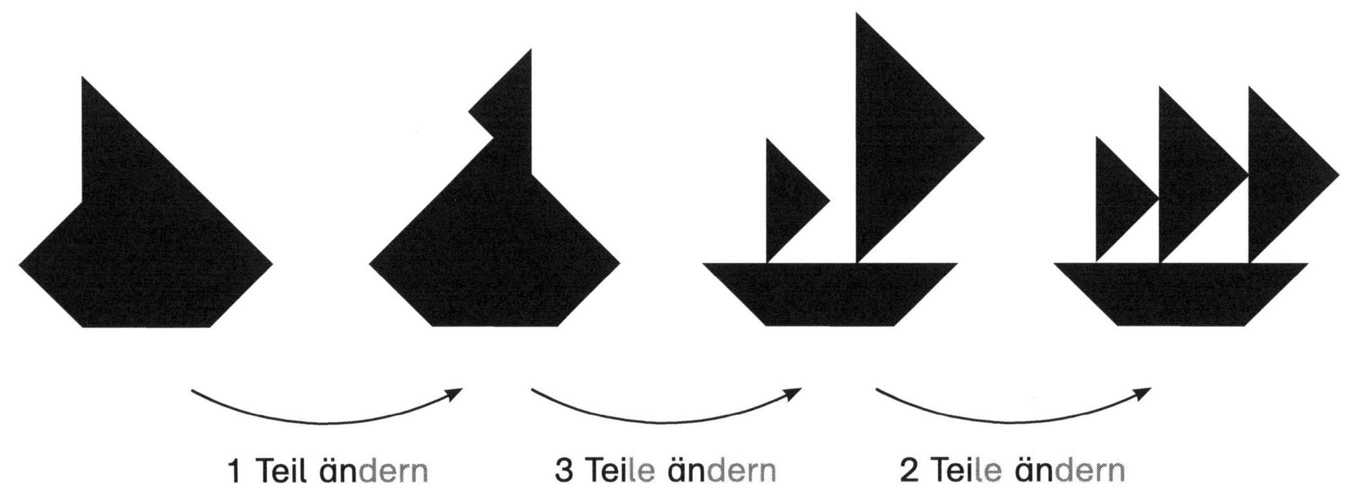

Name:

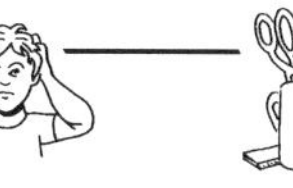

lesen **schreiben** rätseln malen/basteln spielen singen

Das Geheimnis

Ganz oben im Mastkorb sprechen Piet und Pippo über ihr Geheimnis.

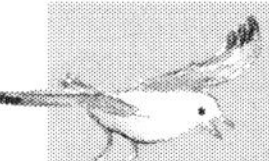

Schreibe in die Sprechblasen, was die beiden sich zuflüstern.

Warum ist es so wichtig, dass niemand an Bord von Piet und Pippos Geheimnis erfährt?

Name:

lesen **schreiben** **rätseln** malen/basteln spielen singen

Auf dem Piratenschiff

Findest du diese Wörter im Buchstabengitter? Male sie an.

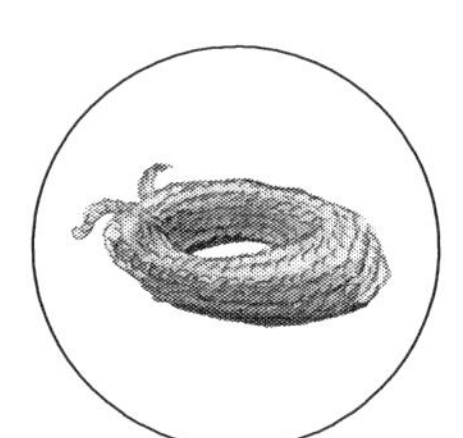

Seil

Flagge

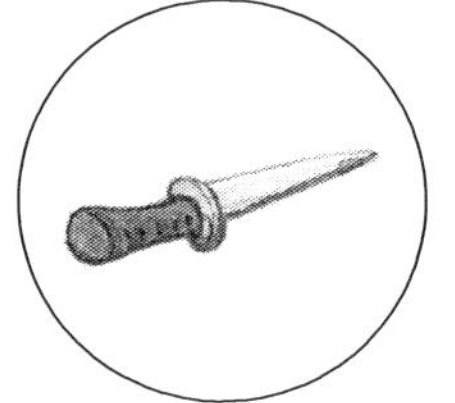

Messer

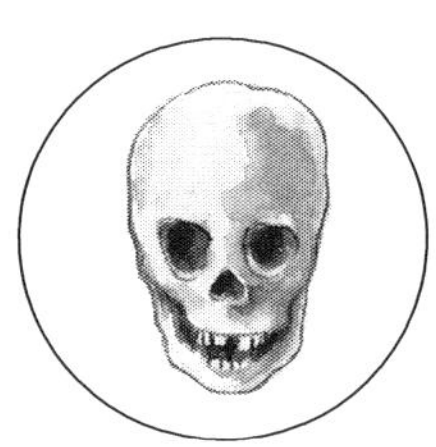

Totenkopf

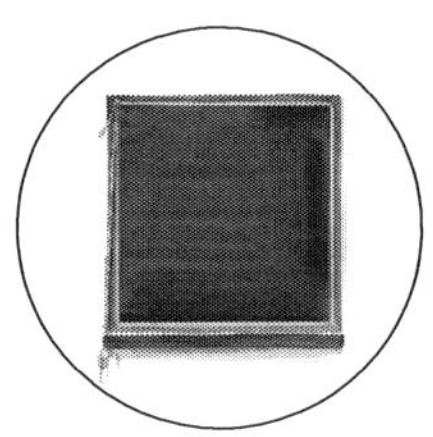

Tafel

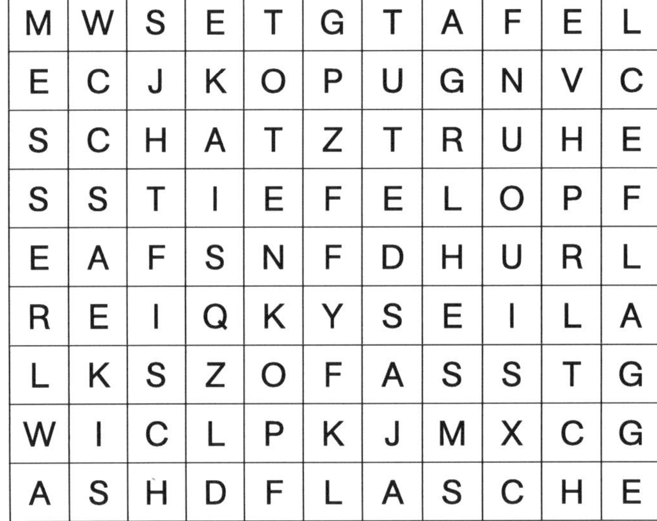

M	W	S	E	T	G	T	A	F	E	L
E	C	J	K	O	P	U	G	N	V	C
S	C	H	A	T	Z	T	R	U	H	E
S	S	T	I	E	F	E	L	O	P	F
E	A	F	S	N	F	D	H	U	R	L
R	E	I	Q	K	Y	S	E	I	L	A
L	K	S	Z	O	F	A	S	S	T	G
W	I	C	L	P	K	J	M	X	C	G
A	S	H	D	F	L	A	S	C	H	E

Fisch

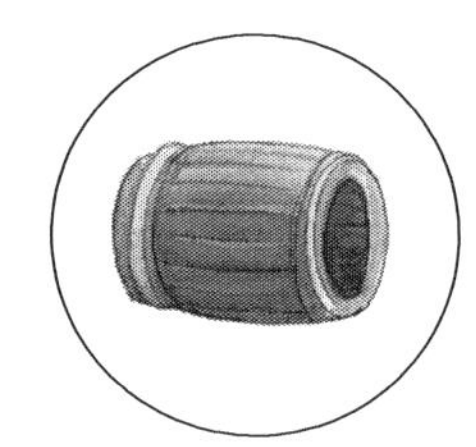

Fass

Flasche

Stiefel

Schatztruhe

Welche Gegenstände gibt es an Bord der „Wilden Minna"?
Schreibe nur diese Wörter aus dem Buchstabengitter auf.

Piraten-Mandala

Male das Piraten-Mandala so aus, wie es dir gefällt.

Name:

lesen **schreiben** rätseln **malen/basteln** spielen singen

Was Wolken dir verraten können

Als es noch keine Wetterberichte im Fernsehen oder Radio gab, schauten sich die Leute die Wolken sehr genau an. Sie verrieten ihnen viel über das Wetter in den nächsten Stunden oder Tagen.

Diese Wolken sind leicht zu unterscheiden:

Schäfchenwolken
= schönes Wetter

Federwolken
= schönes Wetter (meistens)

Haufenschichtwolken
= Regen

Wie ist das Wetter heute?
Male die Wolken auf und beschreibe das Wetter.

Führe ein Wolken- und Wettertagebuch.
Schreibe dazu Stichwörter in die Tabelle.

	heute: ______	nächster Wochentag: ______	nächster Wochentag: ______
Wolken			
Wetter			

Piratenschiffe auf hoher See

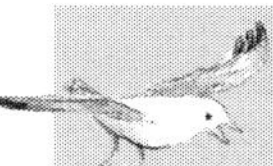

Falte Papierschiffe nach der folgenden Anleitung.

1. DIN-A4-Blatt falten

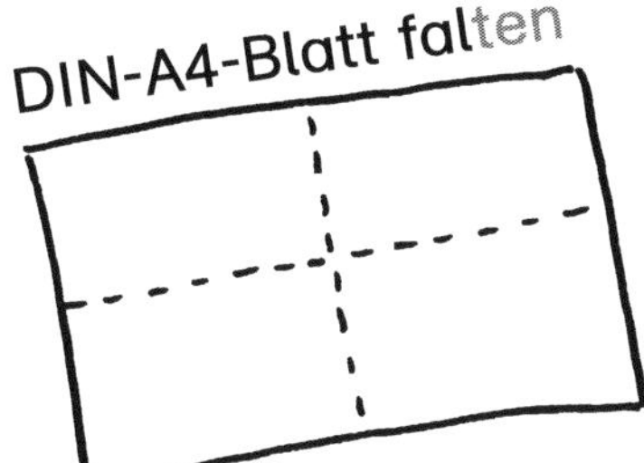

2.

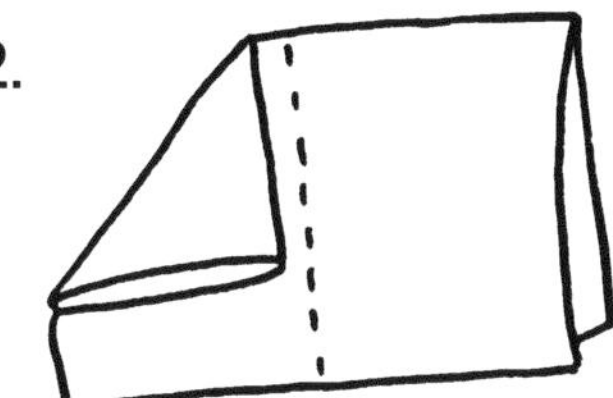

3.

4.

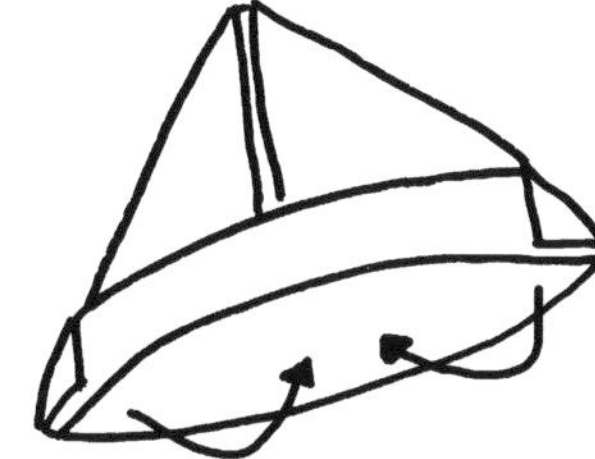

5.

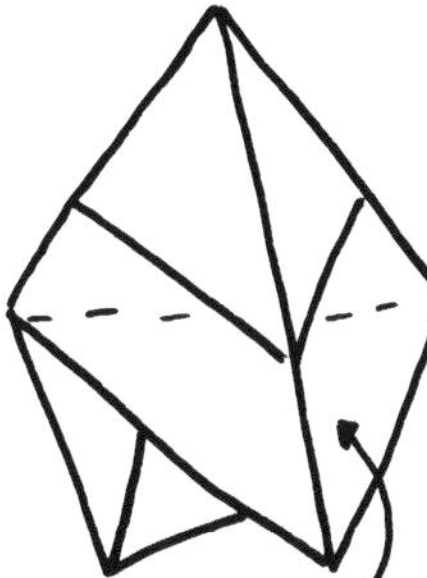

Ecken vorne und hinten hochfalten

6. drehen und klappen

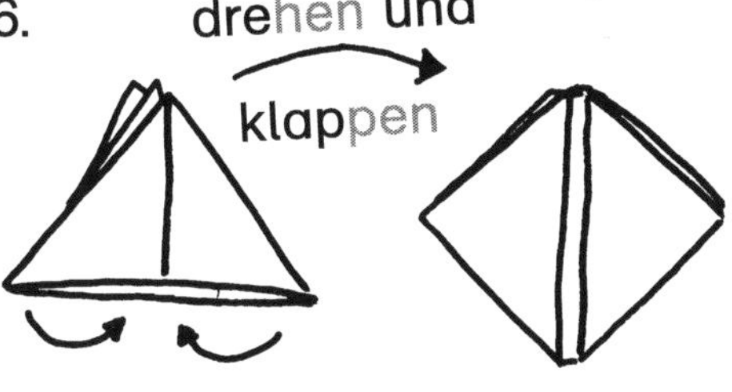

7.

auseinanderziehen

8.

fertig!

Ihr könnt mit Wasserfarben ein blau-grünes Meer malen und eure Schiffe aufkleben.

Name:

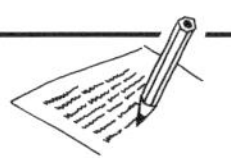

lesen **schreiben** rätseln **malen/basteln** spielen singen

Der wilde Sturm

Piet und Pippo haben Angst vor dem schrecklichen Unwetter.

Wie fühlst du dich, wenn es ein starkes Gewitter gibt?
Was machst du dann am liebsten?

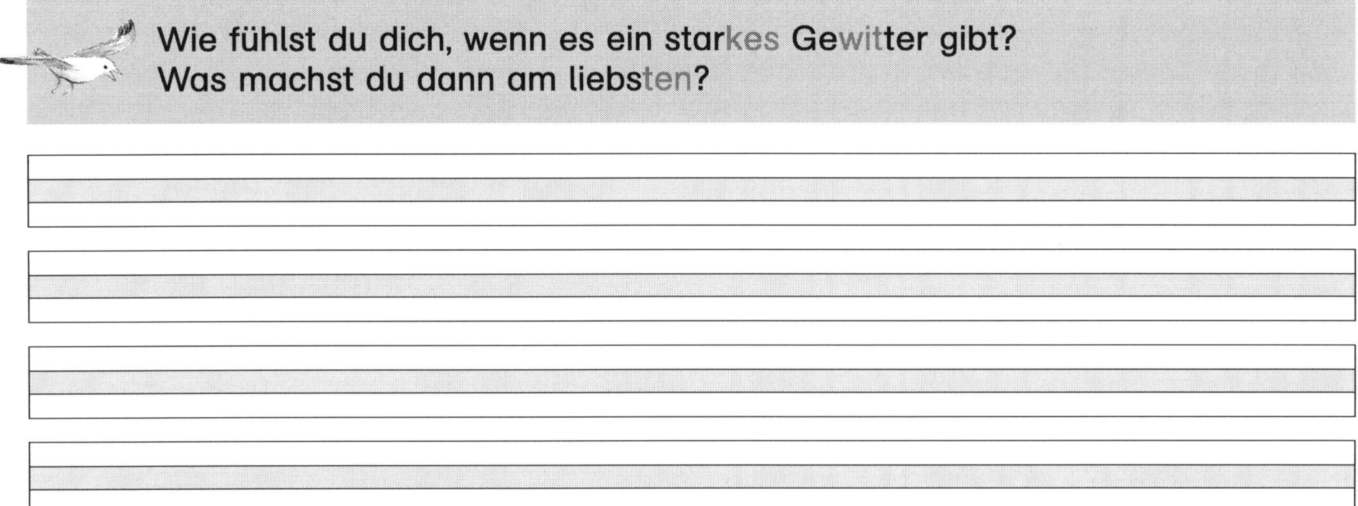

Ein Gewitter könnt ihr mit Instrumenten nachspielen.
Welche Instrumente können deiner Meinung nach gut Gewittermusik machen? Male sie farbig an.

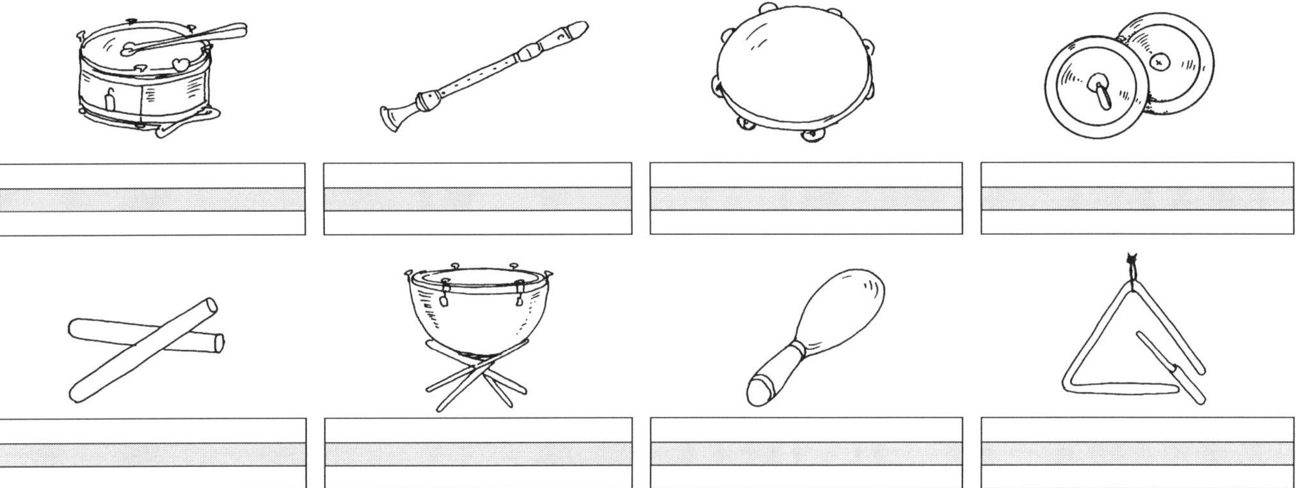

Schreibe den richtigen Namen unter jedes Instrument.

Becken | Tamburin | Pauke | Trommel

Blockflöte | Klangstäbe | Triangel | Rassel

Name:

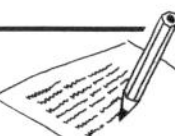

Sturm-Puzzle

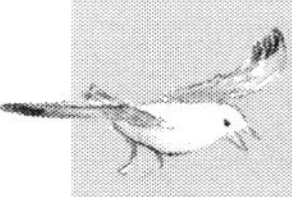

Schneide die Puzzleteile aus und klebe sie auf einem Blatt richtig zusammen. Gib dem Bild eine passende Überschrift.

Tipp: Der dicke Rand ist außen.

✂

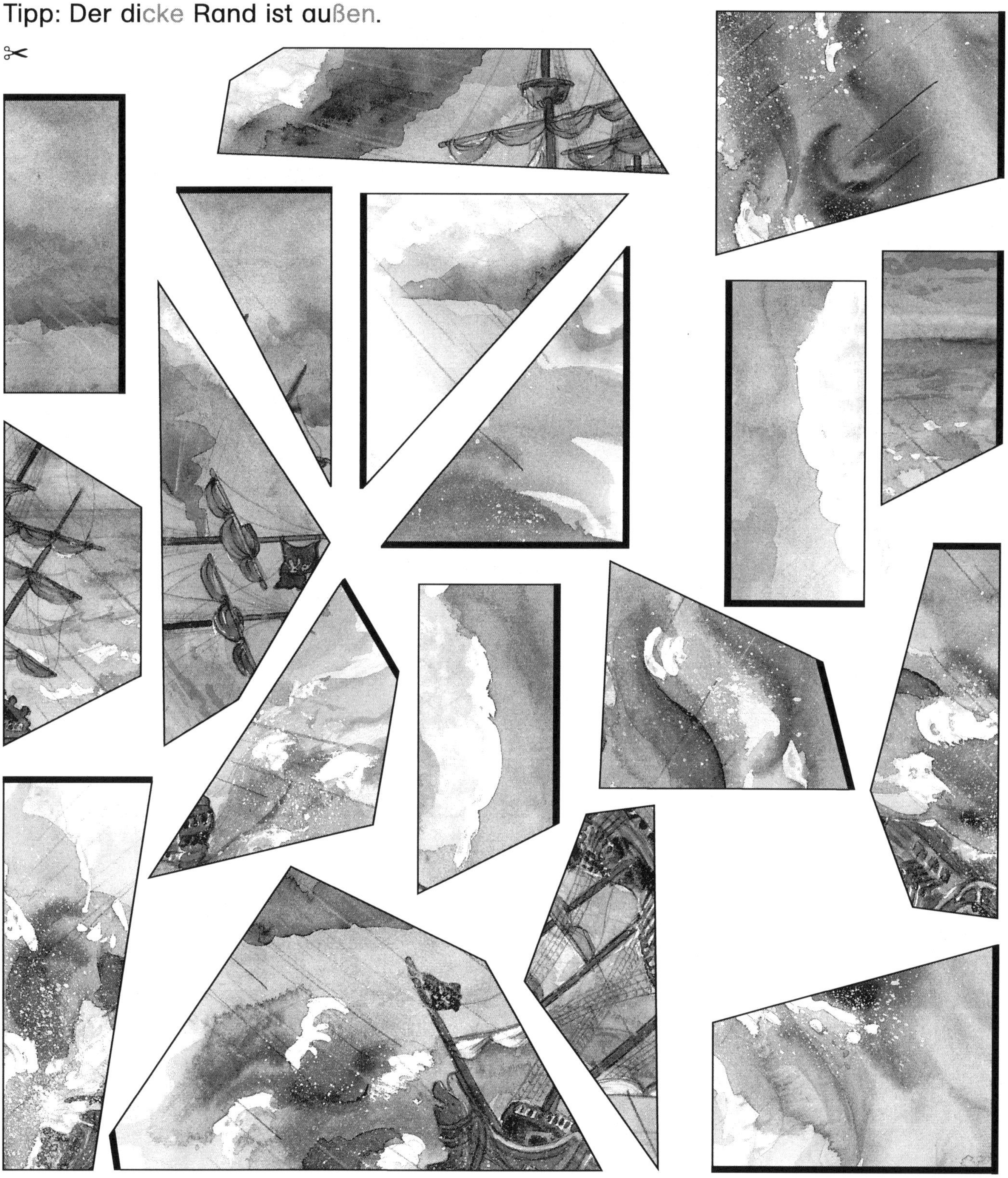

Achtung, Angriff!

Fremde Piraten entern die „Wilde Minna“. Sie sind wild und gefährlich.

Beschreibe mit eigenen Worten, was auf dem Bild zu sehen ist.

Name:

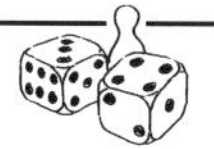

lesen schreiben rätseln **malen/basteln** spielen singen

So ein Durcheinander!

Schneide die Textstreifen aus und bringe sie in die richtige Reihenfolge.
Wenn alles stimmt, ergibt sich rechts ein Lösungswort.
Klebe die Streifen dann auf.

✂

Die wüsten Piraten entern die „Wilde Minna“.	R
Kurz darauf ist die ganze Mannschaft gefesselt.	I
Piet und Pippo klettern in ihren Mastkorb.	A
Die wüsten Piraten feiern. Die gefesselten Piraten ärgern sich.	F
Schließlich schlafen alle.	F
Sie entdecken ein feindliches Piratenschiff.	N
Die Mannschaft will fliehen, doch es ist zu spät.	G

Name:

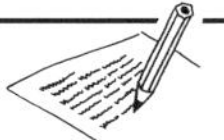

lesen schreiben rätseln **malen/basteln** spielen singen

Wir glänzen mit starken Taten

Die fremden Piraten werden gefesselt und können sich nicht mehr rühren. Wie gut, dass Piet und Pippo so viele verschiedene Knoten binden können!

Nimm Seile oder dickere Bänder und versuche, die Knoten nachzubinden.

Freihandknoten

Achtknoten

Schlaufenknoten

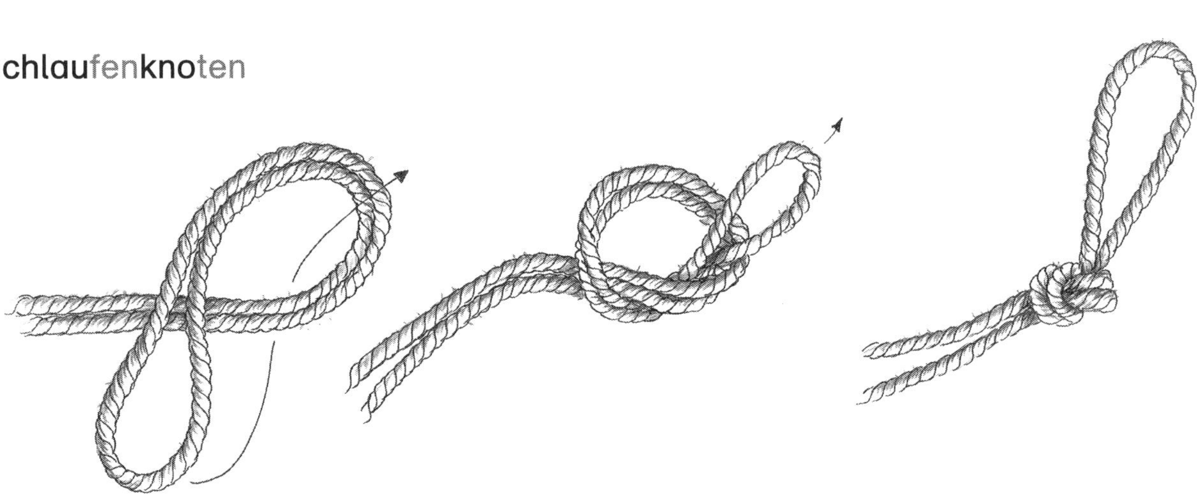

Wie es weitergeht

Lies noch einmal das sechste Kapitel. Schneide dann die Teile auf dieser Seite aus und bringe die Sätze in die richtige Reihenfolge. Ordne jedem Satz das passende Bild zu. Klebe alles auf ein Blatt.

Der Piratenschatz wird gerecht geteilt.

Ochsenauge schlägt vor: „Piet und Pippo sollen unser neuer Käpt'n sein!"

Die Piratenregeln werden geändert.

Die Piraten werden auf einer einsamen Insel ausgesetzt.

Das Geheimnis von Piet und Pippo wird gelüftet.

6. Frauen und Mädchen sind an Bord ~~verboten~~. willkommen

Name:

Wir sind stille und starke Piraten

Melodie: Lustig ist das Zigeunerleben

Name:

lesen schreiben rätseln malen/basteln spielen singen

Der große Piratenschatz

Was war wohl alles in der Schatzkiste? Male die richtigen Wörter an und streiche die übrigen Wörter durch.

Schreibe die richtigen Wörter noch einmal auf.

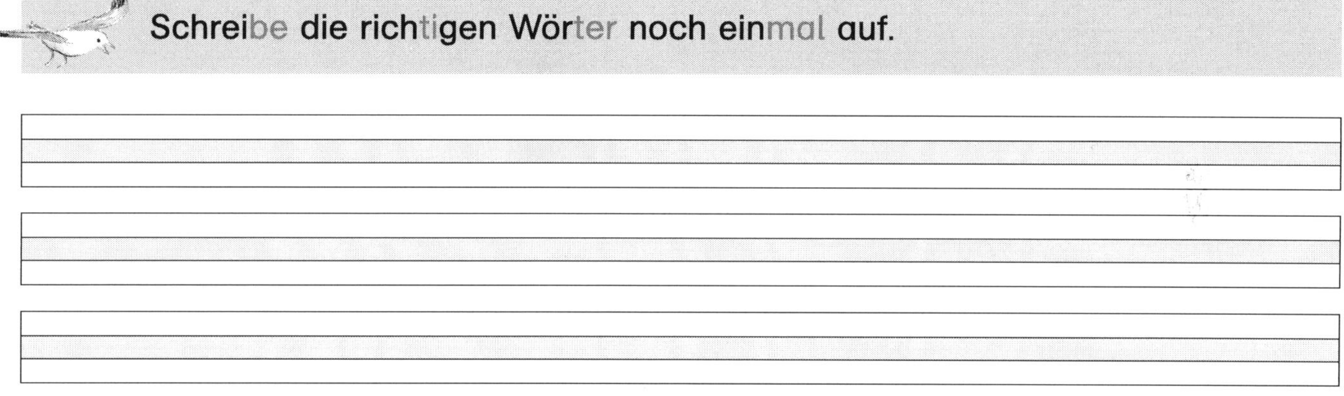

Was für einen Schatz würdest du gern finden? Male ihn.

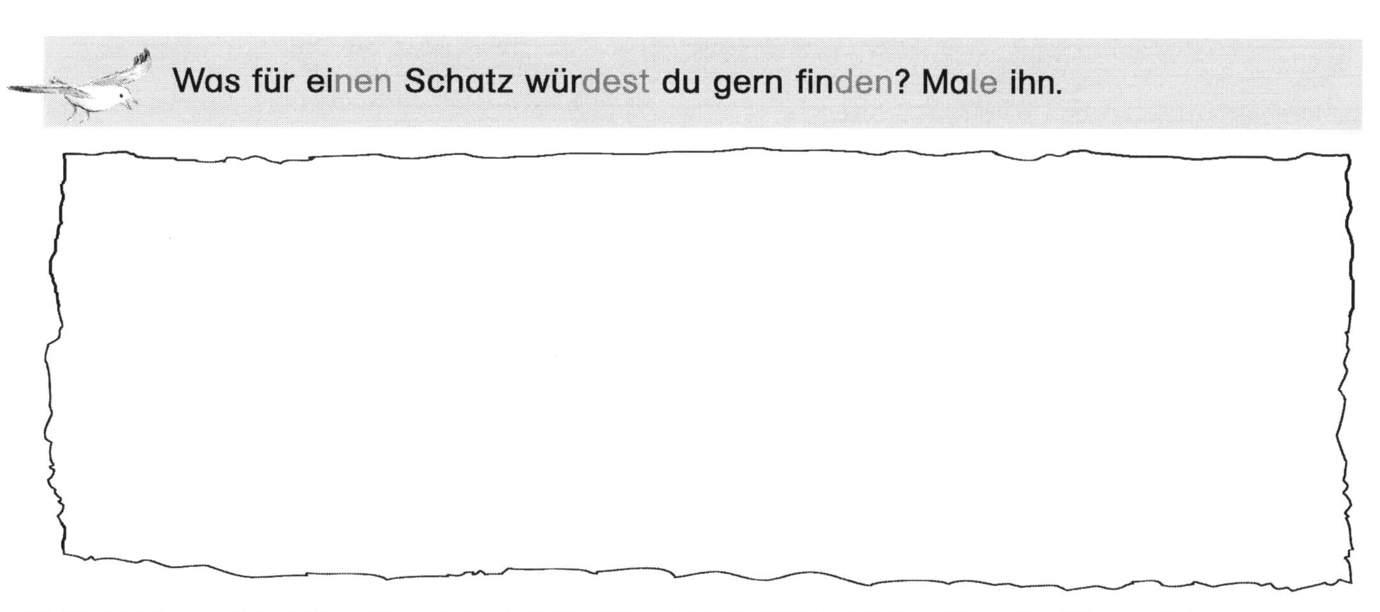

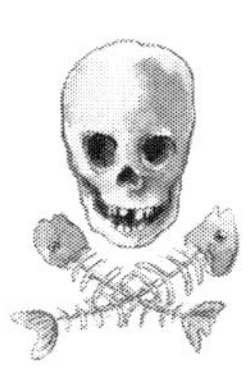

Als Piraten unterwegs

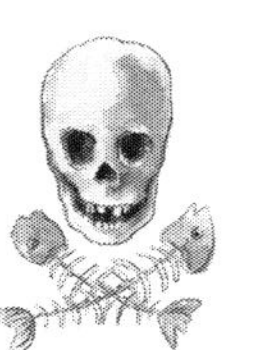

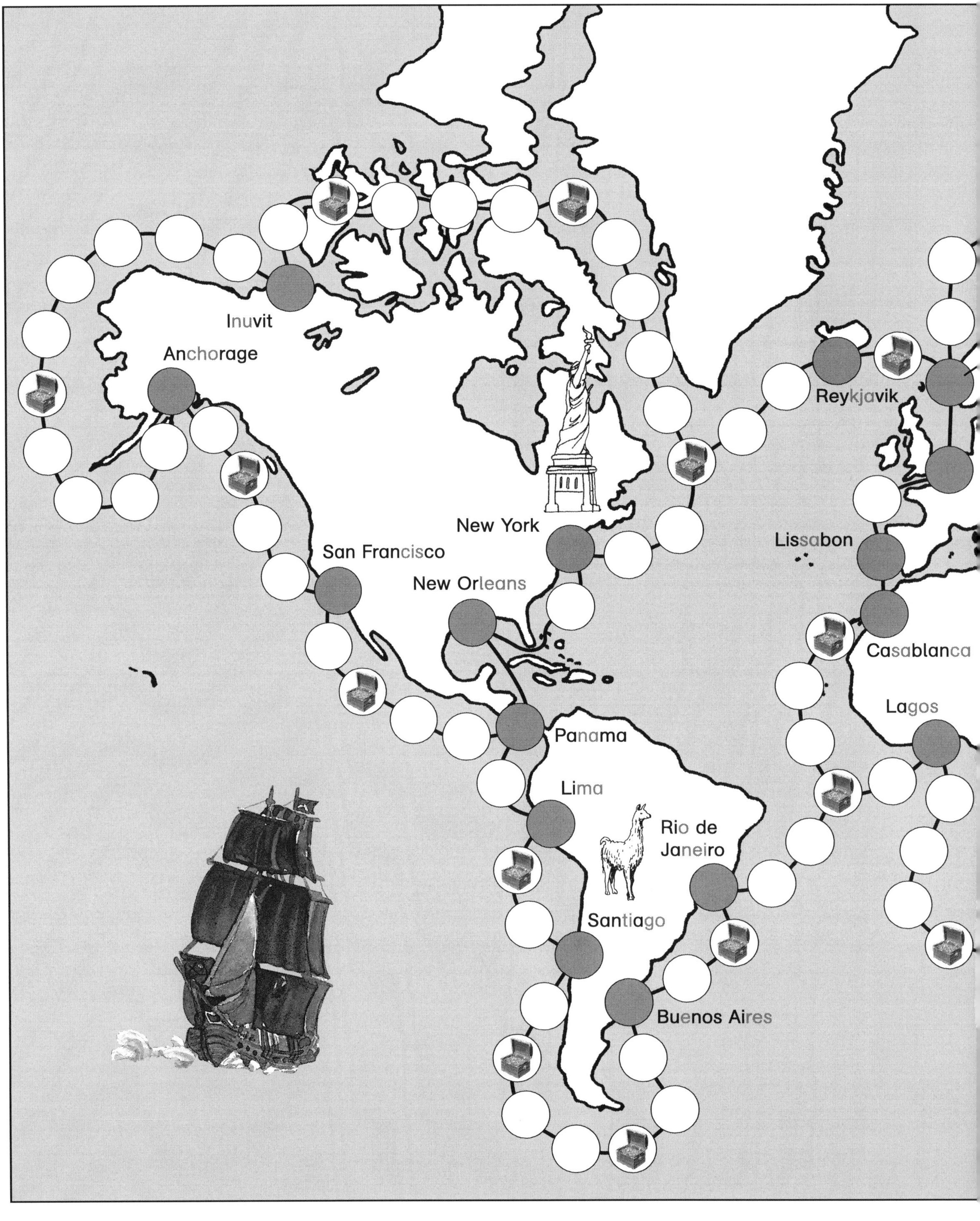

Inuvit

Anchorage

New York

San Francisco

New Orleans

Reykjavik

Lissabon

Casablanca

Lagos

Panama

Lima

Rio de Janeiro

Santiago

Buenos Aires

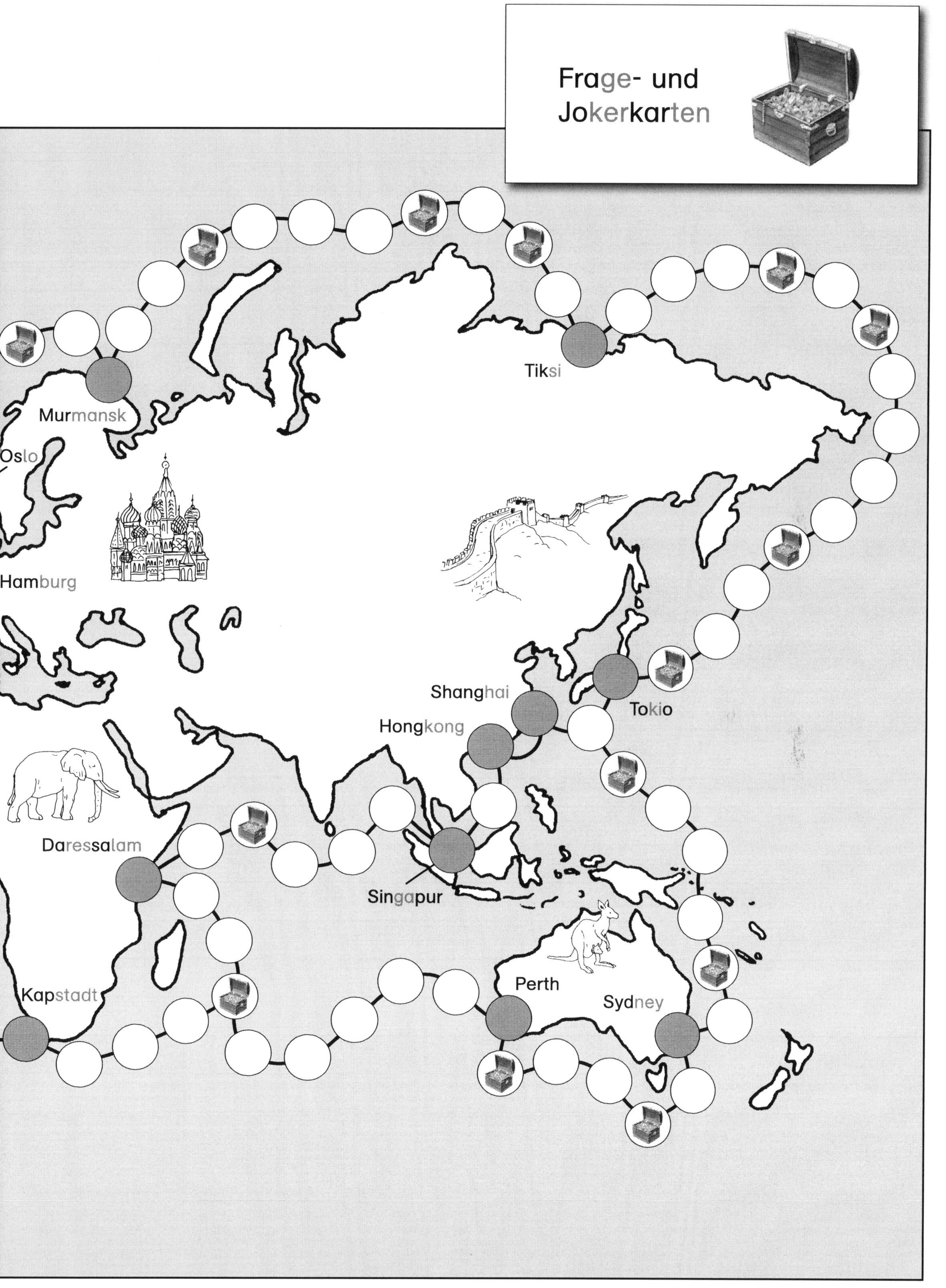

Frage- und
Jokerkarten
Murmansk
Tiksi
Oslo
Hamburg
Shanghai
Tokio
Hongkong
Daressalam
Singapur
Perth
Sydney
Kapstadt

Als Piraten unterwegs Fragekarten (1)

Was zeigen Piratenflaggen?

- Knochen und Palme
- Totenkopf und Knochen
- Totenkopf und Fernrohre

Was ist ein Mastkorb?

- ein Korb für Hühner
- ein Aussichtskorb am Segelmast
- ein Bild auf der Piratenflagge

Was ist ein Enterhaken?

- ein Haken zum Aufhängen von Enten
- ein Anker, um sich an ein anderes Schiff zu ziehen
- ein Haken zum Aufhängen von Kleidung

Welches Meer gibt es nicht?

- Ostsee
- Atlantischer Ozean
- Piratischer Ozean

An Bord eines jeden Schiffes lebte laut Sage ein ...

- Gespenst.
- Skelett.
- Klabautermann.

Was ist ein Säbel?

- ein Piratengürtel
- eine Holzkeule
- ein langes Messer

Was gehörte nicht auf ein Piratenschiff?

- Ruder
- eine Kanone
- ein Schlauchboot

Wie heißt die Holzfigur vorn am Schiff?

- Glücksbringer
- Galionsfigur
- Klabautermann

Wie heißt der hintere Teil eines Schiffes?

- Bug
- Deck
- Heck

Was ist ein Bullauge?

- das Auge einer Kuh
- ein Piratenschatz
- ein rundes Schiffsfenster

Was trugen viele Piraten?

- eine Mütze
- eine Brille
- eine Augenklappe

Was ist eine Flaute?

- ein Musikinstrument
- Windstille
- ein leckeres Piratengericht

Als Piraten unterwegs Fragekarten (2)

✂

Wer heißt Knurrfisch?

- der Koch
- der Schiffsjunge
- der Kapitän

Wer ist Glatzenotto?

- der Steuermann der „Wilden Minna“
- ein junger Pirat
- der Hafenfrisör

Was knabbern die Piraten gerne?

- Chips
- Schiffszwieback
- Knäckebrot

Wo schlafen Piet und Pippa an Bord?

- in Hängematten
- in Doppelbetten
- in Wasserbetten

Wie lautet die sechste Piratenregel?

- Der Kapitän hat immer recht.
- Frauen und Mädchen sind an Bord verboten.
- Rauchen an Bord ist verboten.

Wo sind Piet und Pippa gern?

- in der Küche
- im Mastkorb
- am Steuer

Wobei sind Piet und Pippa die Schnellsten?

- beim Einholen der Segel
- beim Schrubben des Decks
- beim Kochen

Wo hocken Piet und Pippa während des Sturms?

- im Mannschaftsraum
- in der Küche
- im Mastkorb

Was machen Piet und Pippa mit den fremden Piraten?

- Sie fesseln sie.
- Sie werfen die fremden Piraten ins Wasser.
- Sie geben ihnen Rum.

Was passiert mit den fremden Piraten?

- Sie werden auf ihr Schiff gebracht.
- Sie werden auf einer einsamen Insel ausgesetzt.
- Sie bekommen einen Goldschatz zur Belohnung.

Was schlägt Ochsenauge vor?

- Piet und Pippa sollen unser neuer Kapitän sein.
- Piet und Pippa sollen den Schatz erhalten.
- Piet und Pippa sollen im Mastkorb bleiben.

Welche Angewohnheit hat Kapitän Knurrfisch?

- Er kratzt sich am Ohr.
- Er reibt sich die Nase.
- Er spuckt dreimal ins Meer.

Als Piraten unterwegs Joker- und Zielkarten

Jokerkarten

Du kämpfst gerade mit einem anderen Piratenschiff.

Setze einmal aus!

Du hast einen Schatz entdeckt.

Rücke sechs Felder vor!

Deine Mannschaft ist krank geworden.

Gehe zwei Felder zurück!

Deine Mannschaft ist gefangen genommen worden.

Setze einmal aus!

Deine neuen Piraten rudern schnell.

Springe gleich zu deinem nächsten Ziel!

Der Wind bläst nur sehr schwach. Du kommst nicht vorwärts.

Setze einmal aus!

Zielkarten

	Tiksi	Hamburg
San Francisco	New York	New Orleans
Panama	Lima	Santiago
Buenos Aires	Rio de Janeiro	Lagos
Kapstadt	Daressalam	Casablanca
Lissabon	Oslo	Reykjavik
Murmansk	Singapur	Hongkong
Shanghai	Tokio	Sydney
Perth	Inuvit	Anchorage